Mental Load ablegen

Wie Sie effektiv Stress abbauen, Ihre mentale Last ablegen und neue Kraft tanken

Hannah Robbe

⚡ INHALT

Das erwartet Sie in diesem Buch

Kennen Sie das Gefühl, einfach nicht mehr abschalten zu können? Haben Sie ständig noch hundert Dinge im Kopf, die Sie neben Ihrer beruflichen Tätigkeit erledigen müssen?

Immer mehr Menschen erleben ein Burn-out, weil sie mit dem alltäglichen Stress in Arbeits- und Privatleben einfach nicht mehr umgehen können.

Oftmals wird dieser nervliche Zusammenbruch von einer Belastung auf vielen verschiedenen Ebenen verursacht – durch eine Vielzahl von Dingen, die einen dauerhaft (unter-) bewusst beschäftigen und nicht mehr zur Ruhe kommen lassen.

Das Beherrschen der eigenen Gefühle, das Behalten des Überblicks im oft viel zu stressigen Alltag – all das sind Belastungen, die über die Anstrengungen im Job hinaus gehen. Fachsprachlich wird dies als Mental Load bezeichnet.

Jeder von uns hat Mental Load schon einmal im Arbeits- oder Privatleben erfahren.

Mental Load ist Ursache vieler stressbedingter Krankheiten und Gegenstand feministischer Debatten über die außerberufliche Belastung von Frauen und Männern im Haushalt und bei der Kindererziehung.

In diesem Buch erfahren Sie, welche zwei Aspekte von Mental Load es gibt und wie man diese auf Arbeit und innerhalb der eigenen Familie erlebt. Des Weiteren wird erläutert, aus welchen Gründen Frauen und Männer in unterschiedlicher Weise betroffen sind und inwiefern unsere Gesellschaft Ihre persönliche Mental Load beeinflusst.

Dieses Buch soll Sie außerdem darüber informieren, weshalb Mental Load eine gesamtgesellschaftliche Relevanz besitzt. Sie können lernen, was Ihre eigenen Erwartungen mit Ihrem Stresslevel zu tun haben und wieso es wichtig ist, sich selbst gegenüber wieder ehrlicher zu sein.

Am Ende finden Sie Ansätze, wie Sie Ihre persönlichen To-dos reflektieren können und bekommen ein paar nützliche Methoden an die Hand, die Ihnen helfen, Mental Load zu reduzieren und damit umzugehen.

Definition und Hintergrund

VON MENTAL LOAD BETROFFEN

Fast jeder Mensch erlebt in seinem Arbeits- oder Privatleben Mental Load. Kennen Sie Gefühle wie zum Beispiel ständige Erschöpfung? Haben Sie stets den Eindruck, zu wenig Freizeit zu haben? Momente, um die Seele baumeln zu lassen, sind äußerst rar? Stehen Sie manchmal am Ende eines Tages da und fragen sich, was Sie heute eigentlich geschafft haben, obwohl Sie unablässig gearbeitet haben? Führen Sie stets eine To-do-Liste mit sich? Oder sind Sie gestresst, weil Sie immer noch hundert Dinge im Hinterkopf haben?

Wenn Sie auf eine dieser Fragen mit Ja

geantwortet haben, könnten Sie hier den Namen Ihres Problems erfahren: Mental Load.

WAS IST MENTAL LOAD?

Mental Load setzt sich aus zwei Wortteilen zusammen.

Der Begriff „Load", ist relativ eindeutig und selbsterklärend: Er steht im Englischen für „Last" oder „Belastung".

„Mental" hingegen ist ein wenig vage. Der Ausdruck verweist auf das, was uns belastet: das „daran denken".

Mental Load bezeichnet also die psychische Belastung, die durch alltägliche Aufgaben und Details entsteht, an die man denken muss. Dabei geht es vor allem um Mehrarbeit, die für ein harmonisches Funktionieren der alltäglichen Abläufe unerlässlich ist, meist aber unsichtbar und unbeachtet bleibt. Mit Mental Load ist auch immer verbunden, einen Überblick darüber zu behalten, was noch alles erledigt werden muss – vom Überprüfen des Mailverteilers auf Arbeit bis hin zum Ausräumen der Spülmaschine zu Hause.

Es sind also nicht zwangsläufig die Tätigkeiten

an sich, die belasten. Ganz im Gegenteil – diese können mitunter sogar recht simpel sein. Vielmehr ist es die schiere Menge und die Verantwortung, die damit einhergeht.

Mental Load umfasst all die alltäglichen To-dos, die wir im Hinterkopf behalten und die uns unsichtbar belasten. Der Begriff umfasst kleine Handgriffe im Haushalt ebenso wie die Planung und Koordinierung von Terminen.

Eine gute Faustregel zum Erkennen von Mental Load-Aufgaben ist folgende: Fragen Sie sich, welchen Beschäftigungen, die Sie in einer Unterhaltung Ihrem Gesprächspartner gegenüber nicht erwähnen würden, Sie heute nachgegangen sind. Womit haben Sie Zeit verbracht und was haben Sie erledigt? Und welchem Problem haben Sie heute besonders viele Ihrer Gedanken gewidmet?

Wenn Sie sich antrainieren, sich diese Fragen immer wieder selbst zu stellen, werden Sie bemerken, mit wie viel Mental Load auch Sie tagtäglich umgehen.

ZWEI ASPEKTE VON MENTAL LOAD

Laura Fröhlich, Journalistin und Referentin für Mental Load, unterteilt Mental Load in zwei verschiedene Kategorien:

Die erste ist die bereits mehrfach erwähnte Care-Arbeit: Diese umfasst die Organisation des Alltagslebens und das Kümmern um Kinder, Familie und Freunde samt allem, was noch dazu gehört. Diese erste Facette von Mental Load beschreibt also reelle Aufgaben, die erledigt werden müssen.

Der zweite oftmals vergessene Aspekt, den Fröhlich beschreibt, ist die Gefühlsarbeit. Mit diesem Begriff bezeichnet sie das ständige, bewusste Manipulieren der eigenen Gefühle und somit die mögliche Unterdrückung von Emotionen. Ob bei der Arbeit mit Kunden, im Team oder bei der Erziehung der Kinder: Als erwachsener Mensch fühlt man sich immer wieder gezwungen, seine negativen Gefühle zu verdrängen, um professionell und freundlich zu bleiben.

Fröhlich macht diesbezüglich in ihren Ausführungen jedoch deutlich, dass negative Emotionen keineswegs nur Hindernisse bei der Arbeit sind, die es zu überwinden gilt! Sie sind viel mehr ernst zu nehmende Warnsignale an uns selbst, dass unsere Grenzen überschritten oder verletzt wurden.

Eine dauerhafte Unterdrückung oder Verleugnung Ihrer negativen Gefühle ist eine harte, emotionale Arbeit, die enorme geistige Kapazitäten beansprucht und langfristig zu unterbewusstem Stress (also Mental Load) führen kann.

MENTAL LOAD IM BERUFSLEBEN

Besonders Teamleiter und sehr engagierte Mitarbeiter leiden im Berufsleben unter Mental Load.

Aufgaben wie die Organisation der Zusammenarbeit, das Vorbereiten eines Meetings, das Kontrollieren, wie es um dieses oder jenes Projekt steht und das Erinnern an Fristen – Kurzum: alles, was es an Management beim Arbeiten mit anderen Menschen zu tun gibt - erfordern nicht nur große Sorgfalt und Verantwortungsbewusstsein, sondern auch zeitliche und geistige Kapazitäten.

Genauso spielen aber auch die durchaus wichtigen Aktivitäten im sozialen Bereich eine Rolle: An das Kaffeekochen vor der Sitzung will gedacht sein. Und haben überhaupt schon alle die Karte für den

Kollegen, der in Rente geht, unterschrieben?

Im Arbeitsalltag gibt es Tausende kleine Aufgaben, die nicht unbedingt in der Stellenbeschreibung stehen, aber dennoch erledigt werden wollen.

All jene Details, die man im Hinterkopf haben muss, belasten denjenigen, der den Überblick behält und sich bemüht, für einen möglichst reibungslosen Ablauf zu sorgen.

Das Problem daran ist, dass dieses Management unter Umständen enorm viel Arbeitszeit in Anspruch nimmt und Kapazitäten blockiert.

Selbstverständlich ist das Übernehmen solcher Aufgaben absolut notwendig und zeugt von Engagement und der Fähigkeit, Verantwortung für das gesamte Team übernehmen zu können.

Wer jedoch regelmäßig Überstunden schiebt, weil er neben den Hundert Kleinigkeiten, die ständig anfallen, für die eigentlichen Projekte weniger Zeit findet, gerät nicht nur in eine Freizeit verschlingende Dauerstress-Falle, sondern liefert sich langfristig auch dem Gefühl der Überforderung aus.

Noch problematischer wird es, wenn man für seine Tätigkeit keine Anerkennung und für die aufgewendete Zeit kein Verständnis erhält, weil die

Ergebnisse „unsichtbar" bleiben.

Das Berücksichtigen jener Aufgaben wird zum Stressfaktor und ist eine psychische und zeitliche Mehrbelastung für den Arbeitenden.

Stichwort: Mental Load.

MENTAL LOAD IN DER FAMILIE

Nicht nur im Beruf muss Zusammenarbeit und -leben gemanagt werden. Besonders in Haushalten mit Kindern, aber auch in Partnerschaften ohne Nachwuchs erleben Menschen Mental Load.

Denn im Privatleben fallen ebenso wie bei der Arbeit sehr viele Aufgaben an.

Das beginnt im Haushalt mit dem Abwaschen, Wäsche machen, dem Aufräumen und Einkaufen und setzt sich fort mit der Organisation von Geburtstagsgeschenken für Freunde und Verwandte, der Planung des Urlaubs oder dem regelmäßigen Termin in der Autowerkstatt.

Für Eltern kommen noch die Herausforderungen der Erziehung hinzu: Mit dem Kind müssen Zähne geputzt oder neue Schuhe gekauft werden, jemand muss es zur Musikschule oder zum Sport bringen und zusätzlich soll man plötzlich nicht nur die eigenen Termine, sondern auch noch die der ganzen restlichen Familie überblicken.

Auch hier muss wieder Verantwortung übernommen und Zeit investiert werden, sodass eigene Hobbys und persönliche Projekte vielleicht sehr darunter leiden.

Häufig sind es immer noch die Mutter, die die Mehrbelastung durch den Haushalt und die Organisation des Lebens der Kinder am meisten zu spüren bekommen. In beinahe allen Erfahrungsberichten zum Thema Mental Load sind es die Frauen, die über den ständigen Stress und das Nicht-zur-Ruhe-kommen klagen.

Doch wieso sind gerade Frauen innerhalb der Familie derart von Mental Load betroffen?

Eine Studie des Statistischen Bundesamtes aus dem Jahr 2018 zeigte, dass es in den Familien mit Kindern im Alter von null bis drei Jahren in über 75 Prozent der Fälle immer noch die Frau ist, die ihre Arbeitszeit reduziert. Bei etwa 54 Prozent gab es sogar nur einen männlichen Alleinverdiener in der Familie, während die Mutter mit dem Kind vorerst zu Hause blieb.

Männer arbeiten also prozentual gerade am

Anfang der Elternschaft eher in Vollzeit. Mit der einhergehenden finanziellen Verantwortung ist es demnach üblich, dass die Frauen, die mehr Zeit zu Hause verbringen, ihre Männer im Bereich des Haushalts und der Kinderpflege entlasten.

Es soll an dieser Stelle nicht darum gehen, den Umstand zu bewerten, dass statistisch gesehen trotz aller feministischen Bewegungen immer noch mehr Frauen als Männer für die Kinderbetreuung zu Hause bleiben.

Während der Stillzeit ist ein Baby natürlicherweise mehr auf die Anwesenheit der Mutter als auf die Präsenz des Vaters angewiesen.

Einige Frauen wollen nach den Strapazen einer Schwangerschaft und einer Geburt auch gar nicht wieder sofort in Vollzeit in ihren Berufsalltag zurück, sondern möchten ihre Zeit viel eher der liebevollen Erziehung ihres Kindes widmen.

Für andere Eltern wiederum ist der rein finanzielle Aspekt ausschlaggebend für die Verteilung der Betreuungszeit.

Die Entscheidung, welches Elternteil welche Aufgaben im gemeinsamen Leben übernimmt, ist also eine sehr persönliche für jedes Paar und kann aus diesem Grund unmöglich pauschal beantwortet werden.

In diesem Buch soll es viel mehr darum gehen, welche Folgen hinsichtlich des Themas Mental Load für die Mütter aus einer solchen Konstellation erwachsen können.

Langfristig gesehen ist der hauptsächliche belastende Faktor nämlich nicht das zeitweise Zurückstellen der eigenen Karriere, um die Bedürfnisse des Kindes erfüllen zu können.

Viel eher sind es die Gewohnheiten, die aus der längeren Elternzeit der Mutter resultieren können. Während ihrer Elternzeit übernimmt nicht selten überwiegend die Frau sowohl Tätigkeiten im Haushalt als auch die Organisation des kindlichen Lebens.

Bei der Rückkehr in das Berufsleben bleibt es dann häufig dabei, dass weiterhin die Frau den Überblick über all jene Aufgaben behält. Nicht aus böser Absicht ihres Partners, sondern schlicht und einfach deswegen, weil sie diese vorher in ihrer Zeit zu Hause bereits gemanagt hat.

Und all diese kleinen, alltäglichen Dinge, die man als Mutter im Hinterkopf behalten muss, wachsen irgendwann zu einer scheinbar endlosen To-do-

Liste heran, die verhindert, dass man richtig abschalten kann – Mental Load eben.

Erstaunlicherweise fand eine US-amerikanische Studie aus dem Jahr 2017 heraus, dass selbst in Haushalten, in denen die Mütter mehr verdienten als die Väter, die Frauen mehr Verantwortung für Haushalt und Kinder übernahmen und stärkere Probleme mit Mental Load hatten.

Es ist also scheinbar nicht allein die aus der Elternzeit resultierende Gewohnheit, die dafür sorgt, dass Frauen häufiger unter Mental Load leiden.

Was aber dann?

GESELLSCHAFTLICHE GRÜNDE FÜR DIE MEHRBELASTUNG VON FRAUEN

Ein Ansatz könnte die Betrachtung von gesellschaftlichen Normen und Werten sein. Sind Sie es vielleicht auch noch von Ihren Eltern gewohnt, dass Ihre Mutter die gemeinsamen Termine plante und im Blick behielt, Ihren Vater in Ihrer Kindheit daran erinnerte, wann er Sie wohin zu fahren hatte oder die Geschenke besorgte, wenn Sie von einem Freund zum Kindergeburtstag eingeladen wurden?

Wenn nicht: Herzlichen Glückwunsch! Ihre Eltern scheinen eine harmonische Beziehung ganz im progressiven, feministischen Sinn geführt zu haben.

In vielen Familien ist es jedoch nach wie vor normal, dass sich vor allem die Mutter um die Belange der Kinder kümmert und gemeinsame Termine im Auge behält.

Das liegt nicht etwa daran, dass Männer diese Aufgaben in irgendeiner Weise anders oder schlechter erfüllen würden. Nein, der Umstand, dass sich Frauen eher verantwortlich für Care-Arbeit fühlen und diese darum auch mit höherer Wahrscheinlichkeit übernehmen, ist zu großen Teilen den Erwartungen der Gesellschaft geschuldet, die jede und jeder von uns bereits im Kindesalter erfährt.

Bei Frauen kam es dabei zu einem gewissen Werte-Clash, wie eine qualitative Untersuchung von Sinus Sociovision für das Bundesministerium für Familie, Senioren, Frauen und Jugend bereits 2007 feststellte.

Auf der einen Seite wachsen viele Mädchen noch mit dem traditionellen Rollenbild der Frau auf: Nicht selten erleben sie ihre Mutter als diejenige, die sich zu Hause um die Kinder kümmert und dafür ihre

Arbeitszeit reduziert. Nach wie vor wird von allem von Mädchen erwartet, sich ihrem Umfeld gegenüber empathisch und fürsorglich zu verhalten, während Jungen eher unter dem Druck leiden, Leistung erbringen und Selbstbewusstsein zeigen zu müssen.

Auf der anderen Seite sind es aber nicht nur die traditionellen Rollenbilder, die die Frauen heutzutage belasten, wie die ehemalige Professorin für Erziehungswissenschaft Margrit Stamm in ihrem Buch *"Du musst nicht perfekt sein, Mama"* beschrieb. Neben dem klassischen Bild der guten Ehefrau und Mutter spielen auch die Emanzipation und die damit verbundenen Ansprüche eine große Rolle beim Thema Mental Load. Demnach setzen die vielen neuen Erwartungen und Möglichkeiten Frauen ebenso unter Druck wie das traditionelle Rollenbild sie einschränkt: Eine starke, unabhängige Frau macht Karriere, kann ihren Haushalt managen, ist eine gute Mutter, engagiert sich im politischen und sozialen Bereich, verbringt romantische Abende mit dem Partner zwecks der Beziehungspflege und findet nebenbei natürlich auch noch Zeit zur Selbstverwirklichung und -findung auf einer abenteuerlichen Weltreise oder beim Sport.

Jedem, der das liest, sollte klar sein: Es ist beinahe unmöglich, all diese eben genannten Punkte abzudecken.

Dennoch haben viele Frauen oftmals ein schlechtes Gewissen, wenn sie es eben nicht schaffen, sich noch im Elternrat der Schule zu engagieren, zum Sport zu gehen oder beruflich komplett durchzustarten.

Werte des alten Rollenmodells wie Fürsorglichkeit oder Haushaltspflege prallen auf neue Erwartungsbilder von Selbstverwirklichung und beruflichem Erfolg.

Zusätzlich zu den Aufgaben der klassischen Mutterfigur addieren sich jene der emanzipierten Frau. Der Spagat zwischen beidem strengt an – schließlich will keine Frau eine schlechte Mutter oder Partnerin sein. Und genauso möchte man die Errungenschaften von Gleichstellung und die dadurch gewonnenen Möglichkeiten nutzen.

Was dabei herauskommt, ist ein Pendeln zwischen zwei schon für sich allein wahnsinnig kräftezehrenden Modellen mit zwei verschiedenen Rollen, von denen letztendlich keine vollkommen ausgefüllt werden kann.

An dieser Stelle soll erwähnt sein, dass sich vieles bereits zum Positiven hin verändert. Wir befinden uns in einem gesellschaftlichen Prozess, der die Rollenbilder öffnet. Nach und nach wachsen das Verständnis und die gesellschaftliche Akzeptanz für alternative Lebensentwürfe. Das Bewusstsein, dass man eben nicht die perfekte Mutter und Karrierefrau, die Abenteurerin und die Haushüterin gleichzeitig sein kann, stellt sich allmählich ein.

Es wird jedoch noch einige Jahre und viel Arbeit brauchen, bis es uns als Gesellschaft gelingen wird, Frauen wirklich von der Last der konträren Erwartungen zu befreien und eine gute Mischung aus familiärer Festlegung und persönlicher Freiheit zu ermöglichen.

VERUNSICHERTE MÄNNER

Selbstverständlich erleben nicht nur Frauen im privaten Bereich Mental Load. Immer mehr Männer streben eine gleichberechtigte Partnerschaft an und entscheiden sich freiwillig dafür, die Aufgaben, die konservativ-stereotypisch den Frauen zugeteilt werden, zu übernehmen oder mit der Partnerin zu teilen.

Insofern können mittlerweile auch Männer von ständigen Hintergedanken wie „Ich muss noch die Wäsche aufhängen" oder „Bloß nicht vergessen, mein Kind dann pünktlich zum Klavierunterricht zu bringen" ebenso betroffen sein wie Frauen.

Gleichzeitig ist gesellschaftlich immer noch das Bild vom Mann als starker Versorger der Familie verankert. Wer als Mann weniger verdient, im Berufsleben nicht durchsetzungsfähig und hoch ambitioniert ist und zu Hause den Teppich saugt und die Fenster putzt, wird leider bis heute allzu schnell als ein seiner Frau unterwürfiger Schwächling abgestempelt.

Und selbst „typisch männliche" Aufgaben können zur Mental Load werden: Dinge wie das Auto zum TÜV zu bringen oder die Fahrräder zu reparieren, können als unerledigte To-dos zu einer großen mentalen Belastung werden (so wie bei der Frau das Managen der Termine der Kinder).

Im Grunde passiert der Männerwelt also dasselbe wie den Frauen: Sie werden zwischen dem klassischen Rollenbild samt dessen Erwartungen und modernen Anforderungen an einen guten Partner zerrieben.

Das verunsichert verständlicherweise.

Selbst Männer, die sich vielleicht weniger im Haushalt und bei der Erziehung beteiligen, werden mit Mental Load konfrontiert. Spätestens dann, wenn bei der Partnerin die Stressgrenze so weit überschritten ist, dass ein „Nie machst du ...“-Streit ausbricht.

Die französische Zeichnerin Emma fasste das Problem Mental Load bei der Frau und die vielleicht häufigste männliche Reaktion darauf in einem ihrer Werke folgendermaßen zusammen: Die völlig überlastete Frau, die den ganzen Tag von den noch anstehenden Aufgaben gestresst war, wirft ihrem Mann vor, er hätte doch einmal den Müll runterbringen können. Daraufhin erwidert der Mann, der die emotionale Reaktion seiner Frau und ihren Frust nicht nachvollziehen kann: „Hättest du mich doch einfach darum gebeten“ (Englisch: „You should've asked for“).

Männern, die im privaten Bereich vielleicht nicht selbst von Mental Load betroffen sind, fällt es also unter Umständen schwer, die Situation ihrer Partnerin zu verstehen.

Der innere Druck, der durch den Zwang, an alles

zu denken, bei der Frau entsteht, bleibt nämlich für die Männer einfach unsichtbar, genau wie die endlosen To-do-Listen im Kopf ihrer Frau.

Das Problem hierbei ist, dass derjenige Partner, der allein den Überblick über das zu Erledigende hat, bei dem Versuch, sich zu entlasten, Aufgaben zuteilen wird. Dadurch erlegt er sich selbst automatisch wieder die Last der Verantwortung auf und macht den Partner, an welchen delegiert wird, zu einem Unterlegenen, der sich ohne Kontrolle fühlt.

„Einfach mal darum bitten" - das ist langfristig also keine Lösung.

DIE ENTSTEHUNG DES PFLICHTGEFÜHLS

Zusammengefasst kann man sagen, dass Mental Load entsteht, sobald wir uns für etwas verantwortlich fühlen und darum alle Aufgaben dieses Bereichs vollständig und möglichst tadellos erfüllen wollen.

Aber wieso fühlen wir uns eigentlich für etwas verantwortlich?

Unser Verantwortungsbewusstsein steht meistens in starkem Kontrast zu dem, was wir eigentlich gerne tun würden.

Diesen inneren Konflikt kennen Sie sicher auch in der einen oder anderen Form. Stellen Sie sich beispielsweise einen sehr kalten, dunklen Wintermorgen vor, an welchem Sie in Ihrem warmen, weichen und bequemen Bett aufwachen, weil der Wecker klingelt und Sie zur Arbeit müssen. Wenn Sie sich fragen, was Sie in diesem Moment wollen, lautet die Antwort höchstwahrscheinlich: Im Bett bleiben!

Dennoch werden Sie vermutlich aufstehen. Im Idealfall, weil Ihnen Ihre Arbeit so viel Freude bereitet, dass Sie das Überstehen eines kalten, dunklen Wintermorgens wert ist. Wahrscheinlich aber auch, weil Sie in diesem Moment wissen, dass Sie Verantwortung für Ihr Leben übernehmen und Geld verdienen müssen, dass man sich in der Firma auf Sie verlässt und Sie sich bewusst sind, dass Ihre Arbeit getan werden muss.

Der innere Zwang, den Sie in solchen Momenten erleben, war schon dem Vater der Psychoanalyse, Sigmund Freud, bekannt. Freud entwickelte das sogenannte Drei-Instanzen-Modell, das die drei unterschiedlichen Funktionen der Psyche mit drei Instanzen erfasste:

Ganz unten befindet sich dabei das „Es". Es

besteht aus den Urtrieben und Bedürfnissen, die tief aus unserem Unterbewusstsein entspringen, wie zum Beispiel der Wunsch nach Sex oder – in unserem Beispiel – das simple Bedürfnis, aus Bequemlichkeit im warmen Bett zu bleiben.

Um die impulsiven Forderungen des „Es" zu kontrollieren, gibt es das „Ich". Das „Ich" ist zuständig für unser kritisches Denken. Es kontrolliert und unterdrückt die Triebe des „Es" bei Bedarf und sorgt so für ein Gleichgewicht zwischen dem „Es" und der dritten Instanz, dem „Über-Ich".

Das „Über-Ich" agiert sowohl im bewussten wie auch im unterbewussten Teil unserer Psyche. Es repräsentiert alle Werte, moralischen Vorstellungen und gesellschaftlichen Regeln, die wir im Laufe unseres Lebens verinnerlicht und angenommen haben.

Im Gegensatz zum „Es", dessen Triebe natürlich in uns veranlagt sind, sind die Inhalte des „Über-Ichs" aber nicht angeboren. Das lässt sich hervorragend bei kleinen Kindern beobachten: Sie besitzen noch kein „Über-Ich" und halten sich dementsprechend nicht an gesellschaftliche Konventionen. Sie tun schlicht und einfach, worauf sie Lust haben. Das, was sie maßregelt, sind nicht sie selbst, sondern ihre

Eltern. Von ihnen lernen die Kinder, welche Verhaltensweisen in der Gemeinschaft erwünscht und welche verboten sind, sie übernehmen Werte und Moral. Insofern ist das „Über-Ich" bei den meisten Menschen stark von ihren Eltern geformt. Es ist quasi die innere Stimme von Eltern oder anderen Erziehern, die uns tadelt, wenn wir faul sind und nicht zur Arbeit gehen, sondern im Bett bleiben.

Als Kinder lernen wir, dass es manche Gebote einzuhalten und zu befolgen gilt, wenn wir von unseren Eltern Liebe und Aufmerksamkeit bekommen möchten.

Das kleine Mädchen, das an der Supermarktkasse aufhört, um einen Schokoriegel zu betteln, tut dies nicht, weil das Bedürfnis von ihrem „Es" nach Schokolade plötzlich verschwunden wäre, sondern weil sie gelernt hat, dass die Eltern und auch die anderen Menschen um sie herum sie positiver wahrnehmen, wenn sie nicht quengelt.

Wir fangen an, uns „artig" zu benehmen, weil wir in die Gesellschaft hineinpassen und von unseren Mitmenschen akzeptiert werden wollen.

Im Falle des Mädchens stellt das „Ich" im Moment des Wartens an der Kasse das Bedürfnis nach etwas Süßem zurück, um den Grundsätzen des „Über-Ichs" gerecht zu werden und sich damit besser in die Gemeinschaft einzufügen. Die inneren Zwänge des „Über-Ichs" bringen uns dazu, bestimmte Verhaltensregeln anderen gegenüber einzuhalten, um für ein besseres Miteinander zu sorgen, wofür wir hin und wieder unsere eigenen Bedürfnisse zurückstellen müssen.

Zwischen dem „Es" und dem „Über-Ich" treten also immer wieder Differenzen auf, zwischen denen das „Ich" vermitteln muss.

Da allerdings die Instanzen „Es" und „Über-Ich" nicht zwangsläufig gleich stark ausgeprägt sind, sorgt die Vermittlung unseres „Ichs" nicht unbedingt für eine gesunde Balance zwischen beiden.

Wenn Sie sich beispielsweise dabei erwischen, dass Sie schon wieder Überstunden schieben oder in Ihrer Freizeit die Wohnung putzen, obwohl Sie sich eigentlich nach nichts anderem als einem entspannten Nachmittag auf der Couch sehnen, dann gehorchen Sie Ihrem „Über-Ich".

Bereits Freud stellte fest, dass sich eine zu große Dysbalance zwischen den Bedürfnissen, die das „Es" uns mitteilt und dem anerzogenen Pflichtgefühl des

„Über-Ichs" schädlich auf unsere Psyche auswirkt.

Wer immer nur der Trieberfüllung vom „Es" nachjagt, kann keine langfristigen Ziele verfolgen und wird als launisch und unzuverlässig wahrgenommen.

Wer sich sklavisch dem „Über-Ich" unterwirft, unterdrückt dauerhaft die eigenen Bedürfnisse und wird in seinem von lauter Zwängen erfüllten Leben unglücklich.

Wenn Sie mit Mental Load Probleme haben, liegt das höchstwahrscheinlich daran, dass Sie aus zu großem Pflichtgefühl heraus zu viel Verantwortung übernehmen, ergo zu viele Aufgaben managen müssen und von all diesen Pflichten schier „erdrückt" werden.

Es lohnt sich für Sie also vielleicht, sich bewusst zu machen, wann Sie Ihrem „Über-Ich" gehorchen und seinen Ursprüngen auf den Grund zu gehen.

Fragen Sie sich ab und zu mal: Tue ich das, was ich gerade mache, aus reinem Pflichtgefühl? Fühle ich mich wirklich gut dabei?

Lernen Sie Ihren eigenen inneren Erzieher kennen und versuchen Sie hin und wieder, auch Ihren inneren Teenager auszugraben, um zu sagen: „Boah, nee, ey. Hab ich gar keinen Bock drauf. Was passiert, wenn ich das jetzt nicht mache?"

WIE AUS VERANTWORTUNG MENTAL LOAD WIRD

Nun wissen Sie also, dass es Ihr inneres Pflichtbewusstsein ist, dass Sie mit einer zu großen Menge an Aufgaben und damit auch an Verantwortung erdrückt.

Wenn Sie sich trotz dauernder Erschöpfung überwinden, noch diese oder jene Kleinigkeit zu erledigen, sich durch den Alltag quälen und dennoch niemals fertig werden, leiden Sie aufgrund Ihres Gefühls der Zuständigkeit für etwas unter Mental Load.

Aber woher kommt es überhaupt, dass wir uns für etwas verantwortlich fühlen?

Das Verantwortungsgefühl für etwas ergibt sich meist aus den Erwartungen, die mit verschiedenen Rollen verbunden sind, welche wir einnehmen oder erfüllen wollen.

Im Laufe unseres Lebens suchen wir uns immer wieder bewusst oder unbewusst Rollen und somit Aufgaben innerhalb der Gesellschaft aus, denen wir gerecht werden wollen, um die Erwartungen von anderen und uns selbst zu erfüllen.

Wenn Sie sich beispielsweise für die Rolle der „guten Mutter" entschieden haben, geht das möglicherweise mit den Erwartungen einher, dass Sie sich liebevoll um Ihre Kinder kümmern und ihnen einen weitestgehend reibungslosen Tagesablauf bieten möchten. Sie fühlen sich demnach für den täglichen Erfolg Ihrer Kinder verantwortlich. Daraus ergeben sich Hunderte kleine und große Aufgaben, angefangen beim Pausenbrot schmieren über das gemeinsame Lernen für die Schule bis hin zum Organisieren von Freizeitaktivitäten.

Wollen Sie gleichzeitig die Rolle der „Karrierefrau" erfüllen, werden von Ihnen überdurchschnittliches Engagement und beruflicher Erfolg erwartet, sprich: Überstunden, das Übernehmen von Projektleitungen und eventuell sogar ein Stellenwechsel wegen des beruflichen Aufstiegs.

Plötzlich müssen Sie sehr unterschiedliche Erwartungen irgendwie unter einen Hut kriegen – das Ergebnis sind lange geistige To-do-Listen, die Sie niemals zur Ruhe kommen lassen. Oder anders gesagt: Mental Load.

Mental Load kommt also daher, dass Sie eine

Rolle erfüllen wollen, deren Erwartungen viel Verantwortung mit sich bringt. Dies äußert sich wiederum im Abarbeiten unzähliger Aufgaben, was letztendlich zu sehr viel Arbeit führt, die nie zu enden scheint und ständig im Hinterkopf bleibt.

Mental Load entgegenwirken

DER ERWARTUNGSFALLE ENTKOMMEN

Wenn Sie sich vom Druck Ihrer eigenen und fremder Erwartungen befreien wollen, kann es hilfreich sein, sich bewusst zu machen, wo diese Ihnen überall begegnen.

Fangen Sie bei den sozialen Medien an: Bekommen Sie bei all den Bildern von Fitnessbloggern auf Instagram schlechte Laune, weil Sie sich selbst vorwerfen, zu lange keinen Sport mehr getrieben zu haben? Sie haben erfolgreich die Erwartung detektiert, gesund zu leben und sich um den eigenen Körper zu kümmern.

Gehen Sie weiter zum Fernsehen: Hinterlässt das Anschauen von Familiendramen, die letztendlich mit einer glücklichen Zusammenführung aller Beteiligten enden, bei Ihnen etwas Wehmut? Dann wird Ihnen vielleicht gerade die Erwartung gezeigt, dass man als guter Mensch Zeit mit der Familie zu verbringen hat und Sie machen sich unterbewusst Vorwürfe, diesem Anspruch nicht gerecht zu werden.

Bleiben Sie vor einem Buchregal stehen: Wünschen Sie sich vielleicht heimlich hin und wieder, ein wenig wie der mysteriöse Mann aus einem dieser elenden Schnulzen-Romane zu sein? In diesem Fall haben Sie möglicherweise die Erwartung bei sich entdeckt, dass ein Mann stark, mysteriös, reich und am Ende für seine Liebe absolut aufopferungsbereit zu sein hat.

Öffnen Sie eine Zeitung: Nervt der Bericht über eine Klima-Demonstration Sie an? Eventuell stoßen Sie gerade auf Ihre Erwartung an sich selbst, dass Sie als guter Mensch doch etwas mehr zum Klimaschutz beitragen müssten als Sie es im Moment tun.

Gehen Sie für einen Tag mit offenen Sinnen durch Ihr Leben und analysieren Sie, wo Sie mit welchen stereotypischen Rollen konfrontiert werden. Geben Sie diesen Rollen Namen: Der Gutmensch, die Mama, der starke Mann, der Romantiker, die aufregende Schönheit, der Künstler, ...

Sie werden sich bewusst werden: Wohin auch immer Sie kommen, Sie werden überall mit verschiedenen Rollen und den damit verbundenen Erwartungen konfrontiert.

Ganz unterbewusst wollen Sie spontan in die eine oder andere dieser Rollen passen und übertragen dabei deren Erwartungen auf Sie selbst.

Wenn es Ihnen hilft, dann notieren Sie sich, welche Rollen Sie momentan einnehmen und was die Erwartungen sind, die Sie damit an sich stellen.

Überlegen Sie, welche davon zu Ihnen passen und welche Sie wirklich aus intrinsischer Motivation heraus erfüllen wollen.

Streichen Sie alle anderen samt der zugehörigen Erwartungen rot durch.

Befreien Sie sich auch von den Erwartungen anderer, die diese an die von Ihnen gewählte Rolle haben.

Wenn Sie zum Beispiel ein kulturell gebildeter Mensch sein wollen, dann entscheiden Sie für sich, was Ihrer Meinung nach dazu gehört, um ein solcher zu werden. Bedeutet es für Sie, bestimmte Bücher gelesen zu haben? Dann tun Sie das. Findet Ihr Umfeld, dass man dafür jeden Monat ins Theater gehen sollte, Sie aber hassen modernes Theater und können diesem keinen Bildungsimpuls abgewinnen? Dann nehmen Sie jetzt den roten Stift und streichen Sie das Wort „Theater" dick und fett von der Liste Ihrer Erwartungen. Und lassen Sie sich ja nicht mehr von irgendjemandem dazu nötigen, einen wertvollen Leseabend für eine sonderbare schauspielerische Darbietung zu opfern!

Lernen, welche Erwartungen Sie selbst an sich haben und welche Sie von außen übernehmen, ist ein langwieriger Prozess. Nehmen Sie sich Zeit dazu.

Jedes kommende Mal, wenn Sie sich bei einer unangenehmen Tätigkeit oder einem belastenden Gedanken erwischen, der zu den von Ihnen gestrichenen Erwartungen gehört, sollten Sie innehalten, sich bewusst machen, dass Sie gerade nur dem Zwang dieser Erwartungen folgen und anschließend aktiv der Erwartung entgegensteuern.

Die Erwartungen an die eigene Person zu hinterfragen und radikal zu kürzen, ist ein wichtiger

Schritt zu einer dauerhaften psychischen Gesundheit.

Allerdings wird auch diese Maßnahme Sie nicht für alle Ewigkeit vor Stress und Mental Load bewahren. Sie dient lediglich dazu, unnötige Mehrbelastungen, die aus von Ihnen eigentlich ungewollt eingenommenen Rollen entspringen, loszuwerden.

MIT MENTAL LOAD UMGEHEN

Mit der Reduktion Ihrer Rollen haben Sie nun bereits die Menge Ihrer Erwartungen begrenzt. Dennoch sind manche Erwartungen nicht leicht kompatibel, weswegen der Umfang der Aufgaben nicht zwangsweise abgenommen hat.

Egal, für welche persönlichen Ansprüche Sie sich letztendlich entschieden haben, Mental Load ist beinahe unvermeidbar. Alltägliches bereitet uns eben so manches Mal Stress.

Allerdings gibt es noch eine weitere Methode, um mit Mental Load umzugehen.

Fragen Sie sich dazu zunächst, woher die Belastung bei Ihnen kommt.

Sind Ihre Erwartungen nicht kompatibel?

Leiden Sie aufgrund einer Erwartung an

Freizeitmangel, der es Ihnen unmöglich macht, die andere zu erfüllen?

Ist es Ihnen zwischen Ihren Erwartungen nicht mehr möglich, abzuschalten und zu entspannen?

Kommen Sie vielleicht mit einem bestimmten persönlichen Projekt nicht zu Ihrer Zufriedenheit voran?

Oder erfahren Sie für Ihre Tätigkeit schlichtweg zu wenig Wertschätzung?

Versuchen Sie, so konkret wie nur möglich zu formulieren, was Sie stört.

Dabei kann es Ihnen helfen, eine Liste zu machen, mit welchen Aufgaben Sie täglich wie viel Zeit verbringen. Vergleichen Sie dieses real aufgewandte Zeitinvestment mit den Prioritäten Ihrer Ziele. Welchem widmen Sie durch etwas anderes vielleicht zu wenig Zeit? Welches nimmt zu viele Ihrer Kräfte in Anspruch?

Es geht an dieser Stelle nicht mehr darum, so viele Erwartungen und damit so viele Aufgaben wie möglich zu streichen. Vielmehr steht nun die Verteilung der zu erledigenden Dinge infrage.

Wenn Sie zum Beispiel durch alltägliche Aufgaben in der Kinderbetreuung und/oder im Haushalt so ausgelastet sind, dass Sie keine Zeit mehr für Ihre persönliche Interessen finden, führt das langfristig natürlich zu Frust.

In diesem Fall lohnt es sich, über die Verteilung der Pflichten innerhalb der Partnerschaft nachzudenken. Empfinden Sie diese als unbefriedigend?

Dann lohnt es vielleicht, einen Mental-Load-Test zu machen. Diesen finden Sie im Internet, Sie können ihn jedoch auch ganz einfach selbst nach der folgenden Anleitung und auf Ihre Lebenssituation angepasst erstellen:

Notieren Sie dafür zunächst alle Aufgaben, die bei Ihnen und Ihrem Partner in den folgenden Kategorien anfallen:

- Haushalt
- Kindergarten, Schule oder Pflegeeinrichtung
- Kleidung
- Beziehung/ Beziehungspflege
- Körper und Pflege
- Geburtstag und Feste
- Mobilität
- Freizeit
- Sonstige

Nun kreuzen Sie diejenigen Tätigkeiten an, die Sie normalerweise erledigen.

Geben Sie sich für die täglich zu erfüllenden Aufgaben vier, für wöchentliche drei, für monatlich anfallende zwei und für jährlich anstehende Verpflichtungen einen Punkt.

Zählen Sie anschließend Ihre Punkte zusammen, um Ihren Mental-Load-Score zu erhalten.

Sprechen Sie mit Ihrem Partner darüber, dass Sie sich belastet fühlen und bitten Sie ihn darum, seinen Score ebenfalls zu berechnen, um die Belastungen vergleichbar zu machen.

Sollten Sie nun eine Dysbalance feststellen, haben Sie durch die Liste der Aufgaben bereits eine Grundlage, um eine konkrete Umverteilung zu diskutieren.

Es geht nicht darum, dass Sie und Ihr Partner schlussendlich den exakt gleichen Score erhalten, sondern darum, eine klare Aufgabenteilung zu finden, mit der alle Beteiligten zurechtkommen.

Wenn Sie sich darauf verlassen können, dass Ihr Partner gewisse Aufgaben übernimmt, müssen Sie schon bald nicht mehr an diese denken und Ihre Mental Load verringert sich.

Wem das Zählen irgendwelcher Punkte und das pingelige Aufteilen von Aktivitäten missfällt, der kann auch mit einer anderen Methode dafür sorgen, dass man sich gegenseitig Verantwortung und Pflichten abnimmt. Hierfür genügt es, Zuständigkeitszeiten zu vereinbaren.

Wenn man sich zum Beispiel wünscht, die Kinderbetreuung besser aufzuteilen, könnte man vereinbaren, dass ein Partner die nächsten sechs Stunden für alle Belange der Kinder zuständig ist und anschließend der andere die Folgeperiode übernimmt. Dadurch ist die Verantwortung ebenfalls konkret zugeteilt und die Kinder haben einen klar zuständigen Ansprechpartner. Diese Variante bietet unter Umständen mehr Freiräume als der Mental-Load-Test. Wenn man sieht, dass der Partner während seiner Zuständigkeitszeit problemlos zurechtkommt und keine Unterstützung braucht, hat man die Möglichkeit, die eigene Zeit frei zu nutzen, um sich zum Beispiel spontan mit einer Freundin zum Kaffeetrinken zu treffen oder einfach eine Runde spazieren zu gehen.

Ein guter Weg, die eigenen Aufgaben zum Beispiel im Berufsleben zu sortieren, ist das

Eisenhower-Prinzip.

Dabei legen Sie ein Koordinatensystem an, bei dem Sie die eine Achse mit „wichtig" bis „nicht wichtig" beschriften und die andere mit „dringend" bis „nicht dringend".

Sie erhalten anschließend vier Quadranten, in die sich alle Aufgaben einordnen lassen.

Achten Sie eine Weile darauf, mit welcher Kategorie Aufgaben Sie sich am meisten beschäftigen, wird Ihnen vielleicht auffallen, dass Sie häufig damit zu tun haben, Anfallendes aus der Kategorie „dringend, aber nicht wichtig" zu erledigen.

Dafür kommt wahrscheinlich das Gebiet „wichtig, aber nicht dringend" regelmäßig zu kurz.

Streichen Sie zuerst alle Aufgaben, die im Quadranten „unwichtig, nicht dringend" stehen und Sie nicht glücklich machen.

Überlegen Sie anschließend, ob es eine Möglichkeit gibt, das Feld „unwichtig und dringend" zu leeren.

EHRLICHKEIT SICH SELBST GEGENÜBER

Vielen Leuten fällt es schwer, ihre Aufgaben und Erwartungen zu reduzieren.

Die Angst, etwas zu verpassen, verleitet die meisten von uns dazu, sehr viele verschiedene Rollen gleichzeitig leben zu wollen und sich damit mehr aufzuladen, als wir eigentlich schultern können.

Vielleicht werden auch Sie von dieser Angst davon abgehalten, sich von Ihrer Mental Load zu befreien. Sie sollten sich dieser Angst und deren Folgen bewusst werden.

Sätze wie „Andere kriegen es doch auch hin" oder „Wenn Sie es nur wirklich wollen, schaffen Sie das alles schon" sind dabei absolut toxisch.

Sie allein spüren, wann Ihre Grenzen erreicht sind!

Und auch nur Sie allein können Ihre eigenen Grenzen schützen!

Es spielt keine Rolle, wie gern Sie Kinder, Haushalt, Karriere und Hobbys unter einen Hut bringen möchten. Wenn Sie regelmäßig merken, dass Sie überlastet sind, kann Ihr Wille noch so eisern sein, aber Sie werden Abstriche machen müssen, wenn

Sie Ihren Stress reduzieren wollen.

Ehrlichkeit sich selbst gegenüber ist deshalb unfassbar wichtig.

Gestehen Sie sich ein, dass Sie manches einfach nicht mehr schaffen. Das hat nichts damit zu tun, sich keine Ziele zu setzen, die Ansprüche an sich selbst auf null herunterzufahren und faul herumzusitzen. Es geht darum, die eigenen Erwartungen ab und an einem kleinen Realitätscheck zu unterziehen.

Wenn Sie beispielsweise seit drei Wochen versuchen, nach der Arbeit noch zum Yoga-Kurs zu gehen, aber immer wieder doch zu Hause bleiben, weil Sie einfach zu erschöpft sind und zusätzlich noch die Hausarbeit gemacht werden muss, ist die Vorstellung, „schnell den Haushalt erledigen und dann zum Yoga" offensichtlich unrealistisch.

Setzen Sie Prioritäten und haben Sie den Mut, radikal Dinge aus Ihrem Terminkalender und Ihren Vorstellungen zu entfernen.

Gerade in einer Zeit, in der uns soziale Medien zeigen sollen, was alles möglich ist, wird es nötig, einen Schritt zurückzutreten und sich klar darüber zu werden, dass man eben doch nicht alles sein kann und sich irgendwann entscheiden muss.

Gleichzeitig der liebevolle Familienvater und der ungebundene, um die Welt reisende Abenteurer zu sein, ist schlichtweg unmöglich.

Manche Rollen, die Sie gerne hätten, sind nicht kompatibel. Hier sollten Sie sich auf den Ursprung Ihrer Werte zurückbesinnen, an Ihr „Über-Ich" und Ihre Kindheitsprägung denken und sich fragen, welche der beiden Rollen Sie wirklich, wirklich wollen und welche Ihnen vielleicht nur zusagt, weil Sie glauben, dass diese nach außen gut wirken würde.

Natürlich ist die Erkenntnis, dass man unweigerlich Einiges im Leben verpassen wird und nicht alles sein und haben kann, zunächst sehr unangenehm.

Aber versuchen Sie ruhig, die Sache einmal andersherum zu betrachten:

Wer alles ein bisschen ist, ist nichts so richtig.

Haben Sie sich selbst gegenüber die Ehrlichkeit Ihre Kapazitäten realistisch einzuschätzen und sich dementsprechend zu entscheiden.

Sie müssen nicht alle Rollen erfüllen, um das Leben voll und ganz ausgekostet zu haben. Es genügt vollkommen, wenn Sie mit einer oder einigen wenigen glücklich werden.

DIE KUNST DES NEIN-SAGENS

Ein weiteres Problem, über das viele stolpern, wenn sie Mental Load reduzieren wollen, ist die Kommunikation. Genauer gesagt: das Wörtchen „Nein".

Überlegen Sie selbst einmal, ob es Ihnen schwerfällt, anderen einen Gefallen abzuschlagen. Lassen Sie sich von der Kollegin immer wieder überreden, doch noch rasch die eine oder andere Akte zu übernehmen, obwohl Sie eigentlich gerade vom Büro nach Hause gehen wollten? Können Sie Ihrem Freund einfach nicht absagen, wenn er Sie am Wochenende zum Grillen einlädt, obwohl Sie eigentlich endlich einen Abend für sich haben wollten? Organisieren Sie schon wieder die Schulfeier für die Klasse Ihres Kindes, obwohl Sie eigentlich gerade bis über beide Ohren in anderer Arbeit stecken?

Wenn Sie feststellen, dass eine Menge der Aufgaben, die Sie auf der ständigen To-do-Liste stehen haben, dadurch entstehen, dass sie Ihnen von anderen „aufgedrückt" werden, könnte es sein, dass Sie lernen müssen, zu widersprechen.

Oft kommen wir uns unhöflich oder egoistisch vor, wenn wir zu etwas „Nein" sagen. Dieses Verhalten wird uns ebenso wie das Pflichtgefühl im

Kindesalter zwecks eines guten Zusammenlebens anerzogen.

Wir lernen als Kinder, dass man anderen helfen soll und es wird uns früh beigebracht, dass wir mit anderen teilen müssen. Wenn Ihre Eltern Ihnen diese Grundsätze mitgegeben haben, wollten sie Sie auf diese Weise zu einem nicht egoistischen, umgänglichen und kooperativen Menschen erziehen.

Diese Werte gehen in Ihr „Über-Ich" über und werden dort tief verankert.

Wer als Kind immer wieder erleben musste, dass ein Nein mit Liebesentzug oder Tadel bestraft wurde, dessen Grenzen wurden nicht respektiert. Wenn Sie jedoch schon als Kind verlernt haben, Ihre eigenen Grenzen zu respektieren und respektieren zu lassen, wird es Ihnen vermutlich auch im Erwachsenenalter sehr schwerfallen, „Nein" zu sagen. Dies liegt darin begründet, dass Sie bewusst oder unterbewusst fürchten, man könnte sich sonst von Ihnen abwenden.

Doch auch hier gilt wieder: Nur Sie kennen Ihre Grenzen und nur Sie können diese auch verteidigen!

Die Kollegin, die kurz vor Dienstschluss noch mit den Akten auftaucht, kann nicht wissen, wie anstrengend Ihr Tag war oder dass Sie eigentlich nur noch nach Hause wollen. Der Freund, der Sie zum Grillen einlädt, möchte Ihnen etwas Gutes tun und Sie keineswegs stressen.

Selten wollen Ihnen andere Menschen bewusst etwas Böses. Meistens merken sie es schlicht und einfach nicht, wenn sie Ihre Grenzen verletzen. Hegen Sie deswegen keinen Groll gegenüber der Kollegin. Sie kann Ihre Gedanken nicht lesen und weiß nicht, dass Sie soeben im Aufbruch begriffen waren. Sagen Sie ganz simpel, am besten in einer höflichen und netten Form „Nein", beispielsweise indem Sie folgenden Satz gebrauchen: „Ich kann dir heute leider nicht helfen, weil ich gerade nach Hause gehen wollte."

Zu Ihrem Freund mit der Grillparty könnten Sie sagen: „Es tut mir wirklich leid, aber ich hatte eine wahnsinnig anstrengende Woche und brauche einfach einen Abend für mich."

Nur wenn Sie ehrlich und offen kommunizieren, können Sie Ihre Grenzen deutlich machen. Sie müssen andere damit nicht vor den Kopf stoßen und sich auch nicht dafür rechtfertigen, wenn Sie etwas einfach nicht mehr wollen oder nicht mehr schaffen.

Sie werden bemerken, dass Ihr Nein-Sagen nicht in eine Katastrophe führen wird. Viele Aufgaben werden sich quasi von allein erledigen, wenn Sie lernen, loszulassen und darauf vertrauen, dass sich jemand darum kümmern wird.

Wenn Sie lernen, „Nein" zu sagen, werden Sie nicht nur Zeit schaffen für die Dinge, die Ihnen wirklich wichtig sind, sondern gleichzeitig Ihrem „Ja" auch deutlich mehr Gewicht verleihen.

Solange Sie es nämlich für selbstverständlich halten, etwas zu erledigen, werden alle anderen das ebenso tun.

Vielleicht werden Sie sogar feststellen, dass nach Ihrem „Nein" respektvoller mit Ihnen umgegangen wird. Denn nur wenn Sie lernen, sich selbst zu respektieren, indem Sie für sich und Ihre Grenzen einstehen, werden auch andere Sie respektieren.

Insofern: Machen Sie sich die Macht Ihres „Über-Ichs" bewusst und sagen Sie anschließend „Nein", wenn Sie das nächste Mal gebeten werden, etwas zu übernehmen, wofür Sie wirklich weder Zeit noch Lust aufbringen können.

GEFÜHLSARBEIT IST AUCH ARBEIT

Bisher haben Sie sich vielleicht vor allem damit befasst, wie Sie Ihre reellen Aufgaben reduzieren können, indem Sie beispielsweise die Anzahl der von Ihnen eingenommenen Rollen verkleinern, Arbeit umverteilen oder anders Prioritäten setzen.

Ein Aspekt, den Sie jedoch dabei keinesfalls vernachlässigen dürfen, ist die Gefühlsarbeit. Das Verarbeiten von negativen Gefühlen erfordert viel Kraft und Zeit, wodurch wir letztendlich bei dem, was wir tun, weniger effektiv arbeiten.

Vielleicht hatten Sie beim Lesen der vorangegangenen Kapitel den Eindruck, dass Sie objektiv nicht unter zu vielen Aufgaben leiden, diejenigen, die Sie haben, Sie aber dennoch enorm belasten.

Manchmal besteht Mental Load nicht nur darin, möglichst viele verschiedene Tätigkeiten unter einen Hut zu kriegen. Psychische Mehrbelastung kann auch durch das dauerhafte Unterdrücken von negativen Emotionen entstehen.

Wenn Sie beispielsweise im Dienstleistungsbereich arbeiten, wird von Ihnen höchstwahrscheinlich erwartet, dass Sie den Kunden mit einer freundlichen, aufgeschlossenen und professionellen Art begegnen. Stellen Sie sich nun vor, gleichzeitig zu Hause ein Familienmitglied pflegen zu müssen, ein Kind großzuziehen oder mit einem Krankheitsfall in der Familie umgehen zu müssen. Neben der Arbeit, die Ihnen ein solches Szenario ganz praktisch macht, wird es verständlicherweise Tage geben, an denen Sie sich kaum in der Lage sehen, jetzt gegenüber einem Kunden fröhlich und motiviert zu sein. Ihre negativen Gefühle lenken Sie bei der Arbeit ab und Sie müssen sich zwingen, weiterhin professionell zu bleiben und sich nichts anmerken zu lassen.

Häufig erlauben sich auch die meisten Menschen dann zu Hause nicht, Ihren negativen Emotionen Raum zu geben. Gerade dann, wenn es innerhalb des Privatlebens zu Herausforderungen und angespannten Situationen kommt, zwingen sich viele, sich „zusammenzureißen", um für die Kinder, den Partner oder andere Angehörige keine Belastung zu sein.

Dabei könnten Sie hinsichtlich Ihrer Mental Load kaum etwas Schädlicheres tun. Dass es im Berufsleben oftmals erforderlich ist, negative Emotionen wegzudrücken - seien es Sorgen wegen der Lage daheim, Wut auf den unzuverlässigen Kollegen oder einfach Frustration, weil der Rechner wieder mal nicht richtig funktionieren will – ist normal und gehört mehr oder weniger dazu.

Allerdings sollten Sie sich unter keinen Umständen zwingen müssen, Ihre negativen Gefühle auch zu Hause zu verbergen.

Das Unterdrücken und Leugnen innerer und äußerer Konflikte wird Ihnen nur noch mehr psychischen Stress verursachen und Sie so davon abhalten, sich auf die wichtigen Aufgaben zu fokussieren.

Mental Load aufgrund von Gefühlsarbeit vermeiden und abbauen

Wenn Sie ständig damit beschäftigt sind, Ihre negativen Gedanken und Gefühle zu unterdrücken und zu verarbeiten, sollten Sie sich dringend aktiv mit selbigen auseinandersetzen und diese Negativität bewusst zulassen.

Eine erste Regel, die Sie sich dabei setzen sollten, ist: Immer nur eine Sache auf einmal machen.

Zwingen Sie sich, sich genau auf die Tätigkeit zu konzentrieren, die gerade dran ist und diese mit voller Hingabe auszuüben.

Versprechen Sie sich, dass Sie sich mit dem

Problem X später gedanklich auseinandersetzen. Und halten Sie dieses Versprechen dann auch ein!

Schaffen Sie sich anschließend bewusst Zeit für das Problem und sorgen Sie für ungestörte Momente, in denen Sie sich damit befassen können.

Manchen Menschen hilft es, ihre Gedanken und Gefühle aufzuschreiben und somit zu ordnen. Es kann sehr erhellend sein, wenn man versucht, das, was einen beschäftigt, bewusst auszuformulieren, da bereits das Verbalisieren der Emotionen eine tiefere Auseinandersetzung mit ihnen erfordert.

Anderen hilft es mehr, wenn sie ihre Gefühle im Gespräch mit einer Vertrauensperson zum Ausdruck bringen können. Dafür müssen Sie sich nicht gleich einen Therapeuten suchen. Sie können alternativ auch einfach mit Ihrem Partner oder einem guten Freund eine Zeit verabreden, in welcher Sie sich wertungsfrei gegenseitig über Ihre negativen Gefühle austauschen.

Manchmal genügt auch schon ein Moment zum Durchatmen, um wieder klarer sehen zu können. Machen Sie regelmäßig Spaziergänge oder nehmen Sie mal wieder ein entspannendes Bad.

Wer sich regelmäßig Raum für eben jene

Klärungsgespräche mit sich selbst nimmt, kann im übrigen Alltag konzentrierter und produktiver vorgehen, was zusätzlichem Stress durch unerledigte Aufgaben vorbeugt.

Aber auch in der Kategorie Gefühlsarbeit kommt nach der Selbstreflexion der entscheidende Schritt der Kommunikation: Sobald Sie für sich selbst herausgefunden haben, was Sie bewusst oder unterbewusst belastet und negative Gefühle hervorruft, sollten Sie mit Ihrem Umfeld darüber kommunizieren.

Regt Sie ein bestimmter Kollege durch eine gewisse Verhaltensweise immer wieder auf, was Sie passiv-aggressiv werden lässt? Unterdrücken Sie die Wut nicht, sondern schreiben Sie diese in einem ruhigen Moment nieder oder erzählen Sie einem Freund davon. Suchen Sie anschließend, wenn die Emotionen abgekühlt sind, in einem geeigneten Augenblick den Kollegen auf und erklären Sie ihm ruhig und bestimmt, welche Gefühle sein Verhalten bei Ihnen auslöst. Verwenden Sie dabei bevorzugt Ich-Botschaften, wie zum Beispiel: „Ich fühle mich durch dein Verhalten immer wieder persönlich angegriffen. Ich würde mir wünschen, dass du in Zukunft ..."

Damit greifen Sie Ihr Gegenüber nicht an,

sondern erklären Ihr Problem, wodurch eher eine gemeinsame Lösung gefunden werden kann.

Selbst wenn es sich um eine Situation handelt, die Sie nicht aktiv verändern können, wie beispielsweise einen Krankheitsfall in der Familie, kann es gut sein, sich entweder allein oder mit Vertrauten Zeit zu nehmen, um sich einmal richtig darüber „auszukotzen".

In jedem Falle sollten Sie negative Emotionen nicht herunterschlucken, sondern ihnen einen Raum schaffen, um sie verarbeiten zu können.

Geben Sie sich Zeiten, in denen Sie schwach und mies gelaunt sein dürfen. Sie werden feststellen, dass Sie sich danach befreiter und motivierter fühlen.

Nur wer ein gesundes Verhältnis zu seiner eigenen Negativität hat, kann dauerhaft produktiv und psychisch ausgeglichen bleiben.

Die Bedeutung von Mental Load

MÖGLICHE FOLGEN VON MENTAL LOAD

Mental Load ist ein gesellschaftliches Phänomen, das wir keineswegs auf die leichte Schulter nehmen sollten. Etwa zehn Prozent aller Krankheitstage im Berufsalltag lassen sich auf psychische Erkrankungen zurückführen. Nach Aussagen des Robert-Koch-Instituts ist die Tageszahl der Ausfälle aufgrund psychischer Probleme tendenziell seit den letzten Jahren steigend.

In einem solchen Zusammenhang wird oft vom Burn-out-Syndrom gesprochen. Doch noch bevor es zum absoluten Zusammenbruch kommt, erleben viele Betroffene Mental Load.

Mental Load spüren wir, wenn wir unter einer Mehrbelastung leiden, die uns stresst.

Der Stress, den all die Mental Load verursachenden Faktoren mit sich bringen, ist auf Dauer schädlich für unsere Gesundheit – körperlich genau wie seelisch.

Wer gestresst ist, tendiert dazu, schlechter oder weniger zu schlafen, sich ungesünder zu ernähren, weniger Zeit für sportliche Betätigungen aufzubringen und sich allgemein im geringeren Maß um seine Gesundheit zu kümmern.

Die Folgen reichen von Depressionen über Burn-outs und plötzlichen psychischen Zusammenbrüchen bis hin zu körperlichen Beschwerden wie zum Beispiel chronische Rückenschmerzen, Bluthochdruck und einem erhöhten Risiko für Herzinfarkte.

Wenn Sie also längere Zeit Probleme mit Mental Load haben, nicht zur Ruhe kommen und ständig noch hundert Dinge im Hinterkopf behalten müssen, dann sollten Sie dringend etwas unternehmen und Veränderungen nicht mit der Ausrede „Die stressigen Zeiten gehen ja auch vorbei" aufschieben!

WARUM MENTAL LOAD AUCH GESAMTGESELLSCHAFTLICH RELEVANT IST

Selbst wenn Sie persönlich nicht unter Mental Load leiden, sollten Sie die Thematik ernst nehmen, da diese weitreichenden Folgen für die gesamte Gesellschaft haben kann.

Zum einen sind von der psychischen Mehrbelastung (also von einer Mental Load) besonders Eltern betroffen. Natürlich werden wir als Gesellschaft nie bewirken können, dass Eltern von ihrer Rolle nicht gestresst sind – Kinder großzuziehen ist nun einmal eine sehr anstrengende Aufgabe.

Dennoch sollten wir uns im Klaren darüber sein, wie wichtig das Übernehmen dieser Aufgabe für den Erhalt unserer Gesellschaft ist. Unsere Zukunft wird eines Tages von den jetzigen Kindern gestaltet werden und diese wiederum werden von denen geprägt, die sie heute erziehen. Die Überlegungen dazu, wie wir Eltern entlasten können, damit sie genügend Kapazitäten haben, um sich liebevoll und unterstützend um ihre Kinder zu kümmern, ist deswegen eine absolut zukunftsorientierte.

Gleichzeitig werden wir nie von einer

Gleichberechtigung von Frau und Mann sprechen können, solange Frauen durch Haushalt und Kinder immer noch mehr Mental Load als ihre Partner zu stemmen haben. Insofern ist die Frage nach Mental Load immer auch eine feministische Diskussion.

Frauen, die schon von zu Hause eine endlose To-do-Liste im Hinterkopf haben, werden auf Arbeit kaum noch mehr Verantwortung übernehmen und in Führungspositionen aufsteigen können, obwohl sie vielleicht hoch qualifiziert sind.

So leidet letztendlich auch die wirtschaftliche Produktivität. Denn wer den Kopf nicht frei hat, kann einfach nicht so konzentriert und effektiv arbeiten.

Und wer durch Dauerstress und -belastung irgendwann mit Burn-out-Syndrom oder chronischen Schmerzen ausfällt, agiert ebenfalls weder im eigenen noch im Sinne der Wirtschaft.

Mental Load geht uns also alle etwas an.

Zusammengefasst ...

Es gibt unterschiedlichste Methoden, um mit Mental Load umzugehen. Alle davon verlangen von Ihnen zunächst eine Reflexion über die eigenen Wünsche und Bedürfnisse sowie die Bereitschaft, Verantwortung und Kontrolle abzugeben und loszulassen.

Darauf aufbauend lässt sich mit verschiedenen Mitteln eine Neuverteilung der Aufgaben erwirken, die durch konkrete Zuständigkeiten dazu führt, dass Sie sich besser abgrenzen und auch einmal Nein sagen können.

Wie bei fast allen Problemen bedarf es außerdem einer offenen, konstruktiven Kommunikation mit dem Partner oder den Arbeitskollegen, bei der Sie Ihre Wünsche und Bedürfnisse so klar und konkret wie möglich in der Ich-Form vorbringen sollten (zum Beispiel: „Ich wünsche mir mehr Zeit, um Sport treiben zu können.").

Machen Sie sich immer bewusst, dass Sie dem Druck der alltäglichen To-dos keineswegs ausgeliefert sind, sondern selbst darüber bestimmen können, was notwendig ist und was nicht.

Vielleicht konnte Ihnen dieses Buch ja dabei helfen, sich ein wenig von Ihrer Mental Load zu befreien und neue Konzepte für den Umgang mit dieser zu finden.

Herstellung und Verlag:
BoD – Books on Demand, Norderstedt
ISBN: 9783752899610

© Hannah Robbe 2020
1. Auflage
Kontakt: Psiana eCom UG/ Berumer Str. 44/ 26844 Jemgum
Covergestaltung: Fenna Larsson
Coverfoto: depositphotos.com